素材の旨味を引き出す

塩とこしょうの
シンプルレシピ

浜内千波

「塩・こしょうだけの、シンプルな調理法で、家庭で本格的な和・洋・中の料理が作れます」

浜内千波

いま、食は「簡単・時短」へと、流れている

コンビニの年間売り上げは約3兆円。ミールキットは年間1千万食も売れている時代。世界各国の調味料をはじめ、いろいろな調味料をミックスした便利な調味料が次々に発売され、いま、食は「簡単・時短」へと流れています。

自分の舌が信じられず、調味料のさじ加減がわからない

手を伸ばせばいくらでも調味料がある現代では、調味料を合わせて料理をすることに迷いが生じ、味のボーダーラインがわからなくなっています。

本来、調味料のさじ加減は、自分で工夫しながら勉強していくものですが、自分の舌が信じられず、何がおいしいのかがわからなくなっている状況です。

調味料を使いすぎると、素材のおいしさがわからなくなる

だしや調味料をたくさん使ってしまうと、素材のおいしさがわからなくなってしまいます。素材本来の香りや味わいよりも、調味料の味が強くなりがちな料理になります。

「塩」が素材本来の味を、引き出してくれる

　忘れてはならないのは、食材のもつ「香り」や「食感」。野菜や果物は、それだけでおいしいものです。肉や魚介には味（塩味、甘み）はありませんが、塩を足すことで、旨味を引き出せます。

　しかし、しょうゆ、酒、砂糖、みりんを加えて「足し算」をしていくと、味つけに混乱が生じ、素材の味がわからなくなっていきます。

調味料が増えた分だけ、塩分も糖分も増える

　塩は名脇役です。昔から干物は塩ですし、もともと、フランス料理では、塩とこしょうしか使いません。

　世の中は「減塩」へとベクトルが向かい、スーパーには減塩商品が並んでいます。

　しかし、調味料を合わせるほど、塩分や糖分も足されるため、結局、「減塩」の流れに逆行していると思います。

塩・こしょうだけで、本格的な味わいになる

　最近、料理の世界では「簡単・時短」がヒットしていますが、手を抜くあまりに、味が落ちてしまっては意味がありません。

　野菜や肉、魚は旨味成分が強い食材です。塩とこしょうを使ったシンプルな味つけだけで、本格的な味わいを作ることができます。

　本書では塩とこしょうだけを使った、和風、洋風、中華風のアイデア・レシピをご紹介します。

contents

「塩・こしょうだけの、シンプルな調理法で、家庭で本格的な
和・洋・中の料理が作れます」 ………………………………… 2

材料の切り方には、それぞれ意味がある ………………………… 7

PART1 いつもの「和食」を、
シンプルに塩やこしょうで。
だしも、しょうゆもいらない。
素材の旨味を活かして作る。 ……………… 8

塩肉じゃが ………………………………………………… 10
塩筑前煮 …………………………………………………… 12
塩すき焼き ………………………………………………… 14
塩おでん …………………………………………………… 16
塩きんぴら ………………………………………………… 18
塩味の白和え ……………………………………………… 20
塩味のかぼちゃの煮物 …………………………………… 22
かつおのたたき　塩添え ………………………………… 24
塩しょうが焼き …………………………………………… 26
塩味の炊き込みごはん …………………………………… 28
白菜と豚肉の塩味の煮物 ………………………………… 30
塩味の親子丼 ……………………………………………… 32
水菜の塩さっと煮 ………………………………………… 34
塩味の納豆汁 ……………………………………………… 36
ほうれん草のおかか和え ………………………………… 38
塩味の寄せ鍋 ……………………………………………… 40
揚げなすの塩煮 …………………………………………… 42
ひじきの塩旨煮 …………………………………………… 44
塩いり豆腐 ………………………………………………… 46

素材の旨味を引き出す
塩とこしょうのシンプルレシピ

PART 2 本場の味の「洋食」を、
シンプルに塩・こしょうで。
洋食の得意技。
しかし、バターは少なめでヘルシーに。 …… 48

　チキンのトマト煮込み ………………………………………… 50
　ソーセージと豆の煮込み ……………………………………… 52
　ラタトゥイユ …………………………………………………… 54
　塩こんがりステーキ …………………………………………… 56
　塩ハンバーグステーキ ………………………………………… 58
　簡単オムライス ………………………………………………… 60
　じゃがいものポタージュ ……………………………………… 62
　塩味の具だくさんスープ ……………………………………… 64
　生野菜のサラダ　塩・こしょう＆オリーブオイル …………… 66
　キャベツのペペロンチーノ …………………………………… 68
　えび＆じゃがいもの塩グラタン ……………………………… 70
　玉ねぎとにんじんの焼きつけ　塩添え ……………………… 72
　かぶのクリーム煮込み ………………………………………… 74
　ポークソテーのキャベツソースがけ ………………………… 76
　トマト＆ハム＆なすの重ね蒸し焼き ………………………… 78
　野菜＆魚介のレモン風味　塩マリネ ………………………… 80
　グリーンアスパラガスの塩味リゾット ……………………… 82
　手づくり塩カレー ……………………………………………… 84

contents | 素材の旨味を引き出す 塩とこしょうのシンプルレシピ

PART 3 調味料たっぷりの「中華」を、シンプルに。塩やこしょうだけでも、本格的な味はできる。 …… 86

塩味の麻婆豆腐 …… 88
豚肉と小松菜の塩炒め …… 90
塩味の四宝菜 …… 92
塩餃子 …… 94
塩味の中華風冷や奴 …… 96
塩味の青椒肉絲(チンジャオロースー) …… 98
塩春巻き …… 100
にら玉のねぎ塩あんかけ …… 102
塩唐揚げ …… 104
豚ひき肉の春雨煮込み 塩味 …… 106
両面焼きそば 塩味あんかけ …… 108
塩チャーハン …… 110

本書の見方
- 1カップは200㎖、大さじ1は15㎖、小さじ1は5㎖です。
- フライパンはフッ素樹脂加工を使用しています。
- 材料の切り方の写真は、実寸です。なお、サイズ表記（数値）は、実際には多少のばらつきがあるため、目安となります。
- 野菜は皮をむく指定がない場合は、皮つきのまま使います。
- 特に表記のない場合は、鍋などにふたをしません。

材料の切り方には、それぞれ意味がある

カレーの具は、なぜ大きく切るのか？
それは、カレー粉の味に具が負けないようにするためです。
また、いくつかの具を使う煮物は、同時に煮上がる工夫が必要です。
切る大きさや切り方には、それぞれロジックがあります。
本書ではわかりやすく原寸大でご紹介していきます。

1 大きさを揃えて切る

材料が1つだけの場合や、火の通り方が同じ複数の材料は、大きさを揃えて切ると、火の通り方が均一になります。
＊塩味のかぼちゃの煮物（➡p.22）

2 材料の大きさを変えて切る

複数の材料を同時に調理する場合、材料によって、火の通り方は異なります。火の通りにくいものは小さく、火の通りやすいものは大きく切ります。
＊塩肉じゃが（➡p.10）

3 切り方の違いの意味

野菜の繊維を断ち切るように切ると、火が通りやすくやわらかくなり、繊維にそって切ると、歯応えが残ります。さらに、そぎ切りにすると火が通りやすくなります。

4 食べやすい大きさに切る

調理で多いのが「一口大」というサイズです。その言葉通り、一口で食べきれるサイズです。

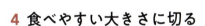

5 小さく切る・薄く切る

1cm角に切る、小口切りにするなど、小さく切って旨味を引き出す切り方もあります。
＊塩味の具だくさんスープ（➡p.64）

6 大きく切る・厚く切る

料理は見た目で、おいしさが変わります。大ぶりに切って、食べ応えを楽しむこともあります。
＊かつおのたたき 塩添え（➡p.24）

PART 1

いつもの「和食」を、
シンプルに塩やこしょうで。
だしも、しょうゆもいらない。
素材の旨味を活かして作る。

和食といえば、やっぱり「だし！」と思っていませんか。
よくテレビのグルメ番組などのコメントでは、
「だしが効いていておいしい」とか、
「甘辛くておいしい」などといわれています。
しかし、素材の味に関するコメントは少ないようです。
本来の料理は、素材の味を活かして作るものです。
これからご紹介するレシピは、
だし、しょうゆ、砂糖、みりん、酒を一切使わず、
塩やこしょうだけを使って作っています。
旨味成分（アミノ酸）のない塩を使ってこそ、
肉・魚介・野菜類の魅力が存分に引き出せるのです。

1 旨味成分の強い食材を使う

肉・魚介・野菜類には、旨味成分（アミノ酸）がたっぷり含まれています。塩だけで調理すれば、しょうゆなどの旨味成分をプラスしなくても素材の風味を引き出せます。

塩すきやき（→p14）
素材の味がいろいろと混ざり合って、旨味は十分。塩だけなので、さっぱりしておいしいです。

かつおのたたき 塩添え
（→p24）
しょうゆやポン酢ではなく、塩をつけるのが主流になってきています。

塩味の炊き込みごはん
（→p28）
かつお節や昆布がなくても、きのこの旨味だけでおいしくなります。

［ 塩だけで、「和食」がおいしく作れる理由 ］

2 下ごしらえは、手を抜かない

素材のおいしさを引き出すために、複数の野菜を同時に煮上げたり、余分なアクや油を除いたり……。シンプル・簡単な料理でも、手を抜きたくない部分です。このひと手間が、仕上がりを大きく左右します。

塩おでん（→p16）
火の通りの遅い大根は、下ゆですると他の食材と同時に煮上がります。揚げた練り物は、油抜きをすると汁がにごりません。

水菜の塩さっと煮（→p34）
油揚げは油抜きをすると、すっきりした味に仕上がり、見た目もきれいになります。

塩味の寄せ鍋（→p40）
鶏もも肉はさっと湯引きすると、肉の臭みが取れ、余分な油も抜けて澄んだ汁になります。

塩肉じゃが

実寸

材料（2人分）

じゃがいも(中) …… 4個
にんじん(中) …… 1/3本
豚こま切れ肉 …… 100g
玉ねぎ(中) …… 1/2個
塩 …… 小さじ1
こしょう …… 少々
水 …… 1/2カップ
黒こしょう …… 適量

1　材料を切る

じゃがいも＝皮をむき、一口大に切る
にんじん＝乱切り（じゃがいもより小さめ）にする
豚こま切れ肉＝ひと口大に切る
※玉ねぎ＝4等分のくし形切りにする

2　鍋に材料を入れる

1のじゃがいもを水（分量外）でしっかりつかみ洗いし、鍋に入れる。**1**のにんじん、玉ねぎ、豚こま切れ肉の順に加え、塩・こしょうをふり、水を加える。

3　中火で7分煮て、煮切る

鍋にふたをして中火にかけ、沸騰後アクを取り、7分煮る。ふたを開け、ゴムべらでざっくり混ぜて煮切る。器に盛り、黒こしょうをふる。

鍋に材料を入れたら、動かさないで。
じゃがいもの煮崩れを防げます。
塩味なので、きれいな色に仕上がりました。

塩筑前煮

実寸

材料（2人分）

- こんにゃく …… 1/3枚（100g）
- れんこん（中）…… 1/2節
- にんじん（中）…… 1/3本
- ごぼう（中）…… 1/4本
- 鶏もも肉 …… 100g
- 干ししいたけ（小）…… 4枚
- サラダ油 …… 大さじ1
- 塩 …… 小さじ3/4
- さやいんげん …… 2本

1　干ししいたけを戻す

干ししいたけは水に浸し、冷蔵庫で5時間位かけて戻し、石づきを取る。戻し汁は残しておく。

2　材料を切る

こんにゃく＝縦半分に切り、1.5cm厚さに切る
れんこん＝1cm厚さのいちょう切りにする
にんじん＝1.5cm厚さの輪切りにする
ごぼう＝泥を洗い、5cm長さの斜め切りにする
鶏もも肉＝一口大に切る
※さやいんげん＝筋を取り、3cm長さの斜め切りにする

3　こんにゃくを乾いりする

鍋に**2**のこんにゃくを入れて中火で乾いりし、バリバリと音がするまでいりつけてからサラダ油を入れる。

鶏もも肉と根菜類の、
おいしいエキスがたっぷりしみ込んで。
塩味なので、それぞれの素材の風味が引き立ちます。

4 材料を入れて炒める

2の鶏もも肉、にんじん、れんこん、ごぼうを順に入れて炒める。**1**の干ししいたけを、戻し汁と一緒に入れる。

5 ひと煮立ちさせ、煮切る

水（分量外）をひたひたに入れ、ひと煮立ちしたらアクを取り、塩をふって煮る。煮汁が少なくなってきたら、**2**のさやいんげんを加えて煮切る。

きのこや、白菜、トマトなどを加えても
おいしくなりますよ。
牛肉に火が通ったら、すぐに召し上がれ。

塩すき焼き

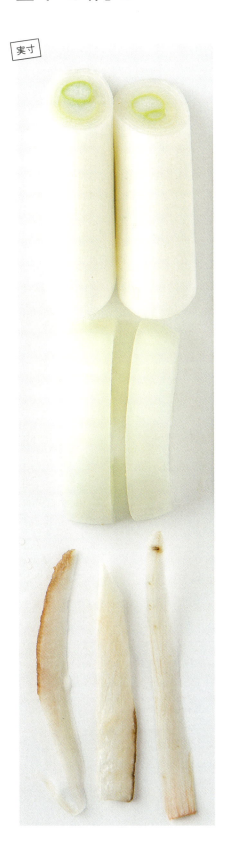

実寸

材料（2人分）

　長ねぎ …… 1本
　玉ねぎ（中）…… 1個
　ごぼう（中）…… 1/4本
　しらたき …… 100g
　サラダ油 …… 大さじ1
　水 …… 1カップ
　塩 …… 小さじ1・1/3
　牛肉（すき焼き用）…… 200g

1　材料を切る

長ねぎ＝5cm長さに切る
玉ねぎ＝横半分に切り、1cm厚さに切る
ごぼう＝泥を洗い、少し太めのささがきにする

2　下ごしらえをする

しらたきは熱湯で3分ゆで、ざく切りにする。

3　鍋に材料を入れて煮る

すき焼き鍋にサラダ油を入れ、**1**の長ねぎをこんがり焼き、**1**の玉ねぎ、ごぼう、**2**のしらたきを入れる。水、塩を加えて中火にかけ、ひと煮立ちしたら、牛肉を入れて火を通す。

塩おでん

実寸

こんにゃくは塩(分量外)ずりし、斜めに切り込みを入れる。

材料(2人分)

大根(中) …… 1/2本
こんにゃく …… 1枚(300g)
昆布 …… 8g
さつま揚げ …… 4個
水 …… 5カップ
塩 …… 小さじ2強
ゆで卵 …… 2個
ちくわ …… 2本
からし …… 適宜

1 材料を切る

大根＝皮をむき、4cm厚さの半月切りにし、隠し包丁を入れる
こんにゃく＝塩ずりし、斜めに切り込みを入れ、半分に切り、三角に切る
※ちくわ＝縦半分に切る

2 下ごしらえをする

昆布は水(3カップ)で戻し、結ぶ。

大根はラップをし、電子レンジ(600W)に5分かける。

大根の煮汁は残しておく。

鍋に水(分量外)を入れて中火にかけ、さつま揚げ、1のこんにゃくを加え、3分位ゆで、ざるにあける。

冷めていく間に、具材にどんどん味がしみます。
食べる直前に、温め直してください。
お好みで、からしをつけてどうぞ。

3 鍋に材料を入れて煮る

鍋に、2の昆布と戻し汁（3カップ）、大根の煮汁、水（2カップ）を入れて中火にかけて塩をふり、大根、こんにゃくを加え、大根に竹串がスッと通る位までふたをして煮る。

4 練り物等を加えて煮る

2のさつま揚げ、ちくわ、ゆで卵を入れ、煮詰まったら水（分量外）を足し、30分位ふたをして煮込む。火を止め、じっくり味をしみ込ませる。

大きめに切ったごぼうの存在感がたっぷり。
ごぼうとにんじんは、火の通り方を考えて、
切る大きさを決めています。

塩きんぴら

実寸

材料（2人分）

　ごぼう（中）…… 1/2本
　にんじん（中）…… 1/3本
　ごま油 …… 大さじ1
　赤唐辛子 …… 1本
　水 …… 大さじ2
　塩 …… 小さじ1/4
　白いりごま …… 適量

1 材料を切る

ごぼう＝泥を洗い、5.5cm長さの斜め薄切りにする
にんじん＝2mm厚さ位の短冊切りにする

2 材料を炒める

フライパンに、ごま油を入れて中火で熱し、1のごぼう、にんじんを火が通るまで炒める。手でちぎって種を除いた赤唐辛子を加えてさらに炒め、水を加え、塩をふり、ざっくり混ぜながら炒め、白いりごまをふる。

塩味の白和え

材料（2人分）

アボカド …… 1/2個
木綿豆腐 …… 1/2丁（150g）
枝豆 …… 100g（正味）
塩 …… 小さじ1/3
白すりごま …… 大さじ3

1 材料を切る

アボカド＝皮をむき、1.5cm角に切る

実寸

2 下ごしらえをする

木綿豆腐はキッチンペーパーで包み、電子レンジ（600W）に2分かけ、取り出して重しをして水きりをする。枝豆が冷凍の場合は、自然解凍する。生の場合は、塩（分量外）ゆでする。

3 木綿豆腐をほぐす

ボウルに、2の木綿豆腐を入れ、指でしっかり混ぜながらほぐす。

4 具材を入れて混ぜる

塩、白すりごまを加え、1のアボカド、2の枝豆を加えて混ぜる。

アボカドと枝豆を具にした、
新しいテイストの白和え。
塩味なので実現した、組み合わせです。

塩を入れて煮るだけで、
かぼちゃの風味や甘味が、
こんなにも引き立つなんて……。

塩味のかぼちゃの煮物

材料（2人分）

　かぼちゃ（中） …… 1/4個
　水 …… 2/3カップ（かぼちゃの高さの1/2の量）
　塩 …… 小さじ1/4

1　かぼちゃを切る

かぼちゃ＝わたと種を取り除き、大きめの一口大に切る

実寸

2　かぼちゃを煮る

鍋に、水、塩を入れ、塩が溶けたらかぼちゃを入れる。ふたをして弱めの中火にかけ、火が通ったらふたを開け、鍋を動かさずに煮切る。

かつおのたたき 塩添え

1 薬味等を準備する

大根はおろしてざるに取り、水分をきる。かいわれ大根は根元を取り、1cm長さに切る。細ねぎは小口切り、しょうがはみじん切りにする。

材料（2人分）

大根（中） …… 1/8本
かいわれ大根 …… 2/3パック
細ねぎ …… 適量
しょうが …… 1かけ
かつお（刺身用） …… 1/2冊（200g）
青じそ …… 2枚
塩 …… 適量

2 かつおを焼く

フライパンを中火で熱し、かつおを皮目から30秒位焼く。

あとの2面も同様に焼く。

こんがり焼き目をつける。

3 かつおを切る

かつお＝焼いたあと、一口大（1cm厚さ）に切る

実寸

4 かつおと薬味類を盛る

器に**3**のかつおを並べ、**1**の大根おろし、しょうが、かいわれ大根、細ねぎをざっくり混ぜ、青じそとともに盛る。塩を添える。

かつおのたたきは角が立っていると、
活きがよく見えます。
ほんの少し塩をつけるのが、新定番です。

塩しょうが焼き

実寸

材料（2人分）

玉ねぎ（中） …… 1/2個
豚ロース肉（しょうが焼き用） …… 250g
おろししょうが …… 1かけ分
塩 …… 小さじ1/2強
こしょう …… 少々
サラダ油 …… 大さじ1
キャベツ …… 適量
ラディッシュ …… 適量
ミニトマト …… 適量

1 材料を切る

玉ねぎ＝横に1cm幅に切る
（繊維に逆らって切る）
※豚ロース肉＝大きさは参考。切らなくてもOK

2 下ごしらえをする

1の豚ロース肉に、おろししょうが（1/2量）、塩をふってもみこみ、こしょうをふる。

3 豚ロース肉を焼く

フライパンにサラダ油を入れ、強めの中火で熱し、2の豚ロース肉を広げて焼き、火を通す。

塩で焼くと、肉の旨みが
がつん！とストレートに伝わります。
野菜もたっぷり添えて。

4 玉ねぎを加えて焼く

1の玉ねぎを加えて焼き、透き通ってきたら、残りのおろししょうが（1/2量）を加えて混ぜる。

5 付け合わせを添える

器に**4**を盛り、せん切りにしたキャベツ、薄切りにしたラディッシュ、縦半分に切ったミニトマトを添える。

塩味の炊き込みごはん

実寸

材料（2人分）

ぶなしめじ …… 1袋
鶏もも肉 …… 100g
さやいんげん …… 3本
米 …… 2合
塩 …… 小さじ1・1/3
しょうが（粗みじん切り）…… 1かけ分
白ごま …… 大さじ1

1 材料を切る

ぶなしめじ＝小房に分ける
鶏もも肉＝2cmの角切りにする
さやいんげん＝筋を取り、4cm長さの斜め薄切り

2 米は洗い、塩を加える

米は洗って内釜に入れ、塩を加えて、2合のメモリまで水（分量外）を入れる。

3 具材を加えて炊く

1の鶏もも肉、ぶなしめじを加え、炊飯器で炊く。

鶏もも肉とぶなしめじが、
いい味を出しています。
塩だけで、すっきりしたきれいな味です。

4 さやいんげんを加える

炊き上がったら、**1**のさやいんげんを加え、ふたをして1～2分蒸らす。しょうが、白ごまを加え、しゃもじでざっくり混ぜる。

白菜と豚肉の塩味の煮物

実寸

材料（2人分）

　白菜（中）…… 7〜8枚
　豚バラ肉 …… 100g
　塩 …… 小さじ3/4強
　しょうが（せん切り）…… 10g
　水 …… 1カップ

1　材料を切る

白菜の芯＝6cm長さ、2cm幅の短冊に切る
白菜の葉＝一口大に切る
豚バラ肉＝7cm長さに切る

2　すべての材料を煮る

鍋に、白菜の芯、塩、豚バラ肉、しょうが、白菜の葉、塩、豚バラ肉、しょうが、塩、白菜の葉の順に重ねて入れ、水を加えてふたをし、中火にかける。沸騰後、弱火にして8分位蒸し煮にする。

豚バラ肉のピンク色、白菜の黄緑色。
塩味の煮物は、目にもおいしい。
無限に食べられそう。

小さいフライパンで、1人分ずつ作りましょう。
温かいごはんに、親子をのせて、
ハフハフいいながらいただきます。

塩味の親子丼

1 材料を切る

鶏もも肉＝一口大のそぎ切りにする
玉ねぎ＝2〜3mm厚さのくし形に切る

実寸

材料（2人分）

鶏もも肉 …… 100g
玉ねぎ（中）…… 1/2個
溶き卵 …… 4個分
水 …… 1/2カップ
塩 …… 大さじ1/2弱
温かいごはん …… 適量
細ねぎ …… 適量

2 具材を順に入れて煮る

1人分ずつ作る。小さいフライパンに、水（半量）、塩（半量）を入れる。**1**の玉ねぎ（半量）、鶏もも肉（半量）の順に入れ、中火にかけて火を通す。溶き卵（半量）を回し入れ、ふたをして火を止め、ひと呼吸おく。

3 ごはんの上にのせる

丼にごはんを盛り、その上に**2**をのせ、小口切りにした細ねぎをちらす。

水菜の塩さっと煮

材料（2人分）

　油揚げ …… 1枚
　ぶなしめじ …… 1袋
　水菜 …… 1/3株
　水 …… 1・1/2カップ
　塩 …… 小さじ2/3

1　下ごしらえをする

油揚げは、キッチンペーパーで巻いて油ぬきをする。

2　材料を切る

ぶなしめじ＝小房に分ける
水菜＝7cm長さに切る
油揚げ＝開いて2枚に切り分け、横1cm幅
　　　　に切る

3　材料を順に入れて煮る

鍋に、水、塩を入れ、**2**の油揚げ、ぶなしめじを加えて中火にかける。ひと煮立ちしたら**2**の水菜を入れ、さっと火を通す。

実寸

塩を入れ、さっと煮るだけ。
簡単なのに、プロの味わい。
出来立てが、ご馳走です。

塩味の納豆汁

1 材料を切る

里いも＝皮をむき一口大に切る
生しいたけ＝石づきをとり、1cm幅に切る
にんじん＝5ミリ厚さの輪切りにする
長ねぎ＝1.5cmの輪切りにする

実寸

材料（2人分）

里いも（中）……2個
生しいたけ……2枚
にんじん（中）……1/3本
長ねぎ……1/3本
水……2カップ
塩……小さじ3/4強
納豆……1パック

2 材料を煮る

鍋に**1**の里いも、しいたけ、にんじんを入れ、水と塩を加え、ふたをし中火でやわらかくなるまで煮る。長ねぎを加え、さっと火を通し、火を止める。

3 納豆を加える

2が70℃以下になったら、しっかり混ぜた納豆を加える。

ナットウキナーゼは熱に弱いので、
必ず火を止めて少し冷ましてから、
納豆を加えましょう。

ほうれん草は、塩ゆでだけでも十分においしい。
旨味のある削り節を少し入れ込むだけで、
だしいらずです。

ほうれん草のおかか和え

材料（2人分）

ほうれん草 …… 1/2束
水 …… 2カップ
塩 …… 小さじ2/3
削り節 …… 2g

1 下ごしらえをする

ほうれん草は根元を切り落とし、1本ずつ外して、輪ゴムでとじ、きれいに洗う。

2 ほうれん草をゆでる

鍋に水を入れて強火で沸かし、沸騰したら塩を入れ、**1**を入れてさっとゆでる。ざるにとり、素早く冷まし、水気をしっかり絞る。

3 材料を切る

ほうれん草＝6cm長さに切る

実寸

4 削り節と塩を加える

3のほうれん草をボウルに入れ、削り節と塩（少々／分量外）を加え、菜箸でざっくり混ぜ、器に盛る。

塩味の寄せ鍋

材料（2人分）

生さけ …… 2切れ	えのきだけ …… 1袋
鶏もも肉 …… 100g	水菜 …… 1/10株
白菜（中） …… 2枚	水 …… 3カップ
長ねぎ …… 1本	塩 …… 大さじ1/2

1 材料を切る

生さけ＝3等分に切る
鶏もも肉＝一口大に切る
白菜（葉）＝一口大に切る
白菜（芯）＝7cm長さ、2cm幅の短冊切りにする
長ねぎ＝7cm長さの斜め切りにする
えのきだけ＝根元を落とす
水菜＝7cm長さに切る

実寸

2 下ごしらえをする

小鍋で湯を沸かし、沸騰したら火を止め、鶏もも肉を入れて手早くかき混ぜてアクを取り除き、ざるに取る。

3 材料を順に入れて煮る

土鍋に、水、塩を入れ、中火でひと煮立ちさせる。具材を火の通りにくい順に加え、最後に水菜を加える。

生さけと鶏もも肉に、野菜の甘味と風味が加わった、最強の塩鍋です。

揚げなすの塩煮

実寸

材料（2人分）

なす（中）…… 4本
豚薄切り肉 …… 100g
サラダ油 …… 適量
水 …… 1・1/2カップ
塩 …… 小さじ1
おろししょうが …… 1かけ分

1 材料を切る

なす＝横半分に切り（大きい場合は、さらに縦半分の長さに切る）、斜めに切り込みを入れる
豚薄切り肉＝8cm長さに切る

2 なすを揚げる

フライパンにサラダ油を入れて高温（180℃）に熱し、1のなすを皮目を下にして、1分強揚げる。

3 揚げなすの油抜きをする

2のなすを網にのせ、熱湯をかけて油抜きをする。

なすを色鮮やかに仕上げるには、
「皮目から」揚げたり煮たりするのがポイント。
とろっとした食感で、極上の一皿です。

4 豚肉となすを煮る

鍋に水を入れて中火にかけ、塩をふり、ひと煮立ちしたら豚薄切り肉を入れる。沸騰したら、**3**のなすを皮目を下にして入れ、5分位煮込む。器に盛り、おろししょうがをのせる。

ひじきの塩旨煮

1 材料を切る

玉ねぎ＝5mm厚さに切る
ベーコン＝1cm幅に切る

実寸

材料（2人分）

玉ねぎ（中）……1/2個
ベーコン……1枚
ひじき（乾燥）……20g
サラダ油……小さじ1
水……1/2カップ
塩……小さじ1/3

2 下ごしらえをする

小さいボウルに熱湯を入れ、ひじきを入れてラップをする。5分間蒸らし、ざるにあけて水気をきる。

3 炒めてから、ふたをして煮る

鍋にサラダ油を入れて中火にかけ、**1**のベーコン、玉ねぎ、**2**のひじきを入れ、玉ねぎが透き通るまで炒める。水と塩を加え、ふたをし10分位煮て、ふたを開けて煮切る。

ひじき、玉ねぎ、ベーコン、
まさに旨味が揃いぶみ。
やはり調味料は、塩だけが正解です。

塩いり豆腐

材料（2人分）

にんじん（中） …… 1/5本
きぬさや …… 20g
生しいたけ …… 2枚
サラダ油 …… 大さじ1
木綿豆腐 …… 1丁（300g）
塩 …… 小さじ1/2
溶き卵 …… 1個分
白いりごま …… 適量

1 材料を切る

にんじん＝1.5cm角に切る
きぬさや＝1.5cm角に切る
生しいたけ＝石づきを取り、1.5cm角に切る

実寸

2 材料を中火で炒める

フライパンにサラダ油を入れて中火で熱し、1のにんじん、生しいたけを入れざっと炒め、一口大に切った木綿豆腐を加えてゴムべらでつぶしながら炒める。

3 煮切り、溶き卵を加える

塩をふって煮切り、1のきぬさやを加えて火を通し、溶き卵を回し入れてまとめる。器に盛り、白いりごまをふる。

色鮮やかな四角形の具材が、
それぞれの味を主張して……。
塩は引き立て役に徹しています。

PART 2

本場の味の「洋食」を、シンプルに塩・こしょうで。洋食の得意技。しかし、バターは少なめでヘルシーに。

ヨーロッパではもともと料理をするときに、
塩、こしょう、バターを使います。
和食のように、砂糖やしょうゆは使いません。
私たちの食生活も原点に還りましょう。
玉ねぎに塩・こしょうをふって焼くだけで、
甘味が増して、旨味が凝縮することを実感してほしいのです。
ヨーロッパには、素材の味を堪能する料理が数多くあります。
肉や魚介はもちろんのこと、
サラダや野菜も塩・こしょうだけで、
驚くほどおいしく調理できます。

1 肉には、こってりしたソースを使わない

ヨーロッパの料理というと、まず思い浮かぶのが、こってりしたソースやドレッシングです。しかし、旨味のある肉を使うときは、塩・こしょうだけのほうが、素材の旨味を存分に味わえます。

塩こんがりステーキ
(➡p56)
ステーキソースをかけなくても、塩・こしょうだけで、肉本来のおいしさが引き出せます。

塩ハンバーグステーキ
(➡p58)
デミグラスソースに頼らなくても、塩・こしょうだけでジューシーな肉の旨味を堪能できます。

**ポークソテーの
キャベツソースがけ**
(➡p76)
肉にキャベツの旨味たっぷりのソースをかけて。どちらも塩・こしょうのシンプル調味料です。

[塩・こしょうだけで、「洋食」がおいしく作れる理由]

2 ブイヨン（だし）の代わりに、ベーコンを使う

ヨーロッパでは、和食の「だし」と同じ役割をする「ブイヨン」がよく使われますが、ベーコンの旨味やセロリの風味を上手に活かせば、塩・こしょうだけでも、シェフの味に迫れます。

じゃがいものポタージュ
(➡p62)
ベーコンをベースに、塩・こしょうで味つけしてポタージュを作ると、思いがけないおいしさが生まれます。

塩味の具だくさんスープ
(➡p64)
ベーコンの旨味に、セロリの風味をプラス。塩・こしょうだけで、すべての素材のおいしさを引き出せます。

かぶのクリーム煮込み
(➡p74)
ホワイトソースには、ベーコンとほんの少しのバターを使えば、塩・こしょうで、本格的な味わいになります。

チキンのトマト煮込み

材料（2人分）

鶏もも肉 …… 1枚（300g）
玉ねぎ（中）…… 1/2個
トマト（大）…… 1個
塩・こしょう（肉の下味用）…… 各小さじ1/2
オリーブオイル …… 大さじ1
塩（味付け用）…… 小さじ1/2
こしょう（味付け用）…… 少々
イタリアンパセリ …… 適量

1　材料を切る

鶏もも肉＝一口大より大きめに切る
※玉ねぎ＝みじん切りにする
※トマト＝一口大に切る

実寸

2　下準備をする

鶏もも肉は包丁で筋切りし、厚い部分は開き、塩・こしょうをふる。

3　玉ねぎを炒め、鶏肉を焼く

フライパンにオリーブオイルを入れて中火で熱し、**1**の玉ねぎを入れ透き通るまで炒め、フライパンの端に寄せる。**2**の鶏もも肉を入れ、皮目からしっかり焼きつける。裏返して、色が変わるまで焼く。

調味料は塩・こしょうだけ。
水を1滴も使っていません。
素材の旨味が凝縮された、極上の一皿です。

4 ふたをして、中火で煮る

1のトマトを加え、ふたをして弱めの中火で10分位煮て、塩・こしょうで味を調える。器に盛り、イタリアンパセリをのせる。

和食では煮豆が多いですが、
洋食では、スープに豆をよく使います。
塩だけのすっきりした味わいです。

ソーセージと豆の煮込み

実寸

材料（2人分）

にんじん（中） …… 1本
玉ねぎ（中） …… 1/2個
オリーブオイル …… 大さじ1
ゆで大豆 …… 100g
ウインナーソーセージ（長いもの） …… 4本
水 …… 1カップ
塩 …… 小さじ2/3
パセリ …… 適量

1 材料を切る

にんじん＝7〜8mm厚さの輪切りにする
玉ねぎ＝5等分のくし形切りにする

2 炒め煮をする

鍋にオリーブオイルを入れて中火で熱し、1の玉ねぎ、にんじん、ゆで大豆を入れてさっと炒める。ウインナーソーセージを加えて炒め、水を加えて塩をふり、10分位煮て、塩、こしょう（少々／分量外）で味を調える。

3 器に盛る

器に2を盛り、みじん切りにしたパセリをちらす。

ラタトゥイユ

実寸

材料（2人分）

ズッキーニ …… 1本
玉ねぎ（中）…… 1/2個
なす（中）…… 1本
パプリカ（赤・黄）…… 各1/2個
トマト …… 1/2個
オリーブオイル …… 大さじ2
塩 …… 小さじ1弱
黒こしょう …… 少々

1 材料を切る

ズッキーニ＝縦半分に切り、5㎝長さに切る
玉ねぎ＝5等分のくし形切りにする
なす＝縦4等分に切り、5㎝長さに切る
パプリカ（赤・黄）＝縦4等分に切る
※トマト＝2㎝角に切る

2 材料を炒め煮する

フライパンにオリーブオイルを入れて中火で熱し、**1**のなすを皮目から焼き、**1**のズッキーニ、玉ねぎ、パプリカの順に加えて炒める。塩をふり、**1**のトマトを加え、ふたをして弱火で10分位煮る。ふたを開けて煮切り、黒こしょうをふる。

塩とこしょうだけなので、
野菜の色合いがきれい。
一つひとつの素材の味が楽しめます。

シェフのようなステーキは、私にお任せ！
片面を焼いた直後に、フライパンを一度冷ますのがコツ。
おいしい肉なら、塩だけで十分です。

塩こんがりステーキ

材料（1人分）

《ステーキ》
牛ロース肉（ステーキ用）…… 1枚（150g）
塩 …… 小さじ1/4
黒こしょう …… 少々
サラダ油 …… 大さじ1

《付け合わせ》
とうもろこし（ホール/缶詰）…… 50g
　※水気がある場合は、きっておく。
トマト（小）…… 1/2個
塩・黒こしょう …… 少々
じゃがいも（小）…… 1個
ベビーリーフ …… 適量

1　下ごしらえをする

牛ロース肉は冷蔵庫から出し、30分位かけて室温に戻し、両面に塩・黒こしょうをふる。

2　付け合わせを作る

フライパンにサラダ油（小さじ1）を入れて強めの中火で熱し、とうもろこし、トマトを入れて炒め、塩・黒こしょうをふる。じゃがいもはラップをせず皮つきのまま、電子レンジ（600W）に3分位かけ、火を通す。

※写真は2人分です。

3　牛ロース肉を焼く

フライパンに残りのサラダ油（小さじ2）を入れて強めの中火で熱し、1の牛ロース肉を入れ、片面を1分焼き、裏返してひと呼吸おく。フライパンをすぐに冷たい濡れふきんにのせて温度を下げる。弱火で、もう片面をお好みの固さに焼いて温める。

4　器に盛る

器に、3のステーキと、2の付け合わせを盛り、ベビーリーフを添える。

塩ハンバーグステーキ

実寸

材料（2人分）

ブロッコリー …… 4房
にんじん …… 2/3本
玉ねぎ（中）…… 1/2個
合いびき肉 …… 200g
塩 …… 小さじ1/2
こしょう …… 少々
溶き卵 …… 1/2個分
サラダ油 …… 大さじ1
チャービル …… 適量
粒マスタード …… 適量

1 材料を切る

ブロッコリー＝小房に分けたもの
にんじん＝5mm厚さの輪切りにする
※玉ねぎ＝みじん切りにする

2 ハンバーグ種を作る

ボウルに合いびき肉を入れ、塩・こしょうをふり、手で粘りが出るまでこねる。溶き卵を加えて混ぜ、1の玉ねぎを加えてさらに混ぜる。両手の平でキャッチボールをするようにして空気を抜き、俵形に整える。

塩・こしょうだけで、
牛肉の旨味と豚肉の甘味を
存分に引き出せます。

3 ハンバーグ種を焼く

フライパンにサラダ油を入れて強めの中火で熱し、1のにんじんを入れて炒めて固めに火を通し、一度取り出す。2のハンバーグ種を加えて1分位しっかり焼き、裏返してひと呼吸おき、1のブロッコリーとにんじんを加える。

4 蒸し焼きにする

ふたをして弱火にし、5～6分焼いて火を通す。ブロッコリー、にんじんに塩・こしょう（少々／分量外）をふる。器に盛り、チャービル、粒マスタードを添える。

簡単オムライス

材料（2人分）

《簡単ケチャップライス》
ハム …… 2枚
温かいごはん …… 250g
　※2膳分よりちょっと少なめ
とうもろこし（ホール/缶詰）…… 50g
　※水気がある場合は、きっておく。
トマトケチャップ …… 大さじ4
塩・こしょう …… 少々

《簡単とろとろオムレツ》
卵 …… 4個
塩 …… 小さじ1/3弱
こしょう …… 少々
牛乳 …… 1/4カップ
バター …… 小さじ2

《仕上げ》
パセリ …… 適量
トマトケチャップ …… 適量

1　材料を切る

ハム＝1cm角に切る

実寸

2　ケチャップライスを作る

ボウルに、温かいごはん、とうもろこし、トマトケチャップ、1のハム、塩・こしょうを入れて混ぜる。

3　とろとろオムレツを作る

ボウルに卵を割り入れてほぐし、塩・こしょうをふり、牛乳を加えて混ぜる。

フライパンにバターを入れて中火で熱し卵液を一気に入れ、ゴムべらで混ぜながら半熟にする。

半熟になった卵液をボウルに戻し、ゴムべらで手早く混ぜ、とろとろの状態にする。

ごはんは炒めず、具を混ぜるだけ。
オムレツは固めず、とろとろに焼くだけ。
簡単ですが、味は一流です。

4 器に盛り、仕上げる

小さいボウルに**2**のケチャップライスを詰め、器の上に返して盛る。**3**のとろとろオムレツをかける。パセリ、トマトケチャップをのせ、オムライスのまわりにトマトケチャップをかける。

じゃがいものポタージュ

材料（2人分）

じゃがいも（大） …… 1個
ベーコン …… 1/2枚
玉ねぎ（中） …… 1/4個
サラダ油 …… 少々
牛乳 …… 1・1/2カップ
塩 …… 小さじ1/2強
黒こしょう …… 少々

1 材料を切る

じゃがいも＝皮をむいて半分に切り、薄切りにする
ベーコン＝細切りにする
玉ねぎ＝縦に薄切りにする

実寸

2 具材に火を通す

鍋にサラダ油を入れて中火で熱し、ベーコン、玉ねぎ、じゃがいもの順に入れ、玉ねぎが透き通るまで炒める。ふたをして弱火で焦がさないようにじゃがいもに火を通し、冷ます。

3 ポタージュを作る

2と牛乳をミキサーに入れてかけ、滑らかなポタージュを作る。

4 ポタージュを温め直す

鍋に**3**を戻して温め直し、塩・黒こしょうをふり、味を調える。

塩だけで、ブイヨンは使わないのに、
ベーコンと玉ねぎを加えることで、
驚きのおいしさに！

根菜たちとベーコンが渾然一体となって、
滋味あふれる奥深い味わいです。
食欲のないときも、栄養満点！

塩味の具だくさんスープ

材料（2人分）

にんじん(中) …… 1/2本
ベーコン …… 20g
セロリ(中) …… 1/2本
玉ねぎ(中) …… 1個
じゃがいも(中) …… 2個
オリーブオイル …… 大さじ1
水 …… 2カップ
塩 …… 小さじ1
黒こしょう …… 少々

1 材料を切る

にんじん＝1cmの角切りにする
ベーコン＝1cmの角切りにする
セロリ＝1cmの角切りにする
玉ねぎ＝1cmの角切りにする
じゃがいも＝1cm強の角切りにする

実寸

2 材料を炒める

鍋にオリーブオイルを入れて中火で熱し、ベーコンを入れてさっと炒め、にんじん、セロリ、玉ねぎ、じゃがいもを加えてさらに炒める。

3 材料を煮る

2の鍋に水を入れ、ひと煮立ちしたらアクを取る。ふたをして弱めの中火で5〜6分煮て、塩・黒こしょうで味を調える。

生野菜のサラダ 塩・こしょう&オリーブオイル

実寸

材料（2人分）

ラディッシュ …… 1個
きゅうり（中）…… 1/2本
葉菜 …… 200g
　※レタス、サニーレタス、ベビーリーフなど
オリーブオイル …… 大さじ2
塩 …… 小さじ1/4弱
黒こしょう …… 少々

1　材料を切る

ラディッシュ＝薄切りにする
きゅうり＝斜め薄切りにする
ベビーリーフ＝一口大に手でちぎる
サニーレタス＝一口大に手でちぎる
レタス＝一口大に手でちぎる

2　器に盛り、味つけする

1の葉菜は水で洗い、しっかり水気を切ってから、器に盛る。**1**のラディッシュ、きゅうりを入れて軽く混ぜる。食べる直前に、オリーブオイルを回しかけ、塩・黒こしょうをふって混ぜる。

サラダに使う葉菜は、
レタス、サニーレタス、ベビーリーフ以外にも、
お好きなものをどうぞ。

キャベツのペペロンチーノ

実寸

材料（2人分）

キャベツ …… 1/6個
にんにく …… 1かけ
スパゲッティ …… 160g
オリーブオイル …… 大さじ2
赤唐辛子 …… 1本
塩 …… 少々
粉チーズ …… 大さじ2
黒こしょう …… 少々

1 材料を切る

キャベツ＝一口大に手でちぎる
※にんにく＝包丁などで軽くつぶす

2 スパゲッティとキャベツをゆでる

沸騰した湯に1％の塩（分量外）、スパゲッティを入れ、中火で袋の表示通りにゆでる。ゆで上がる1分手前で、**1**のキャベツを加えて火を通す。ざるにあけ、ゆで汁はとっておく。

スパゲッティとキャベツを
一緒にゆでる、簡単な調理法です。
塩加減はお好みで決めてください。

**3 にんにく、赤唐辛子を炒め
スパゲッティとキャベツを戻す**

フライパンにオリーブオイル、**1**のにんにく、種を取り除いた赤唐辛子を入れて中火で熱し、炒めて香りが出てきたら、**2**を戻し、手早く混ぜて炒める。

**4 塩、粉チーズ、
黒こしょうをふる**

2のゆで汁（適量）を加え、塩をふり、味を調える。器に盛り、粉チーズ、黒こしょうをふる。

じゃがいもたっぷり、
食べ応えのあるグラタンです。
えびが苦手な方は、鶏もも肉を使っても。

えび&じゃがいもの塩グラタン

材料（2人分）

- えび …… 4尾
- じゃがいも（中）…… 3個
- ぶなしめじ …… 1パック
- バター …… 大さじ2
- 小麦粉 …… 大さじ2
- 牛乳 …… 1・1/2カップ
- 塩 …… 小さじ1/2強
- こしょう …… 少々
- ピザ用チーズ …… 80g
- 黒こしょう …… 少々

実寸

1 下ごしらえをする

えびは竹串などで背わたを取り、殻をむく。じゃがいもはきれいに洗い、ラップをせずに電子レンジ（600W）に8〜10分かけて火を通し、熱いうちに皮をむく。

2 材料を切る

じゃがいも＝1cm厚さの輪切りにする
ぶなしめじ＝小房に分ける

3 じゃがいもを並べる

グラタン皿に、**2**のじゃがいもをきれいに並べる。

4 ホワイトソースを作る

フライパンにバターを入れて中火で熱し、バターが溶けたら、**2**のぶなしめじを入れて炒める。小麦粉を加えて炒め、牛乳を加えて混ぜ、塩・こしょうをふって味を調える。

5 オーブントースターで焼く

4のホワイトソースを**3**のじゃがいもの上にかけ、えび、ピザ用チーズをのせ、オーブントースターでこんがり焼き、黒こしょうをふる。

玉ねぎとにんじんの焼きつけ 塩添え

実寸

材料（2人分）

にんじん（中）…… 1本
玉ねぎ（中）輪切り …… 2枚
ブロッコリー …… 2房
オリーブオイル …… 適量
塩・こしょう …… 適量

1 材料を切る

にんじん＝縦1cm厚さに切る
玉ねぎ＝1cm厚さの輪切りにしたもの
ブロッコリー＝縦半分に切る

2 野菜を並べる

フライパンにオリーブオイルを入れ、強めの中火で熱し、**1**の野菜を並べる。

3 野菜をこんがり焼く

塩・こしょうをふりながら、両面をこんがり焼く。器に盛り、塩（分量外）を添える。

焼いた野菜は甘味が増すので、
塩を少しつけていただくと、
おいしさが倍増します。

かぶのクリーム煮込み

かぶの葉があれば、
最後に入れてさっと火を通すと、
彩りがよくなります。

材料（2人分）

《かぶの煮物》
かぶ（中）…… 2個
ベーコン …… 1枚
水 …… 1/2カップ
塩 …… 小さじ2/3

《ホワイトソース》
バター …… 10g
小麦粉 …… 10g
牛乳 …… 1カップ
白こしょう …… 少々

かぶの葉 …… 適宜

1　材料を切る

かぶ＝縦4等分に切る
ベーコン＝1.5cm幅に切る

実寸

2　かぶの煮物を作る

鍋に、**1**のかぶ、ベーコン、水、塩を入れ、ふたをして中火で火を通す。

3　ホワイトソースを作る

フライパンにバターを入れ、弱めの中火で溶かし、小麦粉を入れて炒める。火を止めて少しずつ牛乳を入れてのばしながら混ぜ、白こしょうを加え、ゴムべらで混ぜる。

4　**2**と**3**を合わせて、煮込む

2の鍋に**3**のホワイトソースを入れ、とろみがついたら、塩・白こしょう（分量外／ともに適量）をふって味を調える。

ポークソテーのキャベツソースがけ

1 材料を切る

キャベツ＝6cm長さに切り、1cm幅に切る

実寸

材料（2人分）

《ポークソテー》
豚ロース肉（とんかつ用） …… 2枚
塩 …… 豚ロース肉の重さの1%
こしょう …… 少々
オリーブオイル …… 大さじ1

《キャベツソース》
キャベツ …… 1/6個
白ワイン …… 大さじ4
塩・こしょう …… 少々
粒マスタード …… 小さじ1

2 肉の筋切りをする

豚ロース肉は、筋切りをすると、焼いたときに肉が縮まらない。

3 肉に塩・こしょうをふる

豚ロース肉に、塩・こしょうをふると肉が固くなりにくい。

4 ポークソテーを作る

フライパンにオリーブオイルを入れて中火で熱し、3の豚ロース肉を入れてこんがり焼き、裏返して焼いて中まで火を通し、器に盛る。

5 キャベツソースを作る

フライパンに1のキャベツを入れて中火で炒め、白ワインを加えてひと煮立ちさせる。塩・こしょうをふり、粒マスタードを加えてさっと混ぜ、4のポークソテーの上にかける。

おいしい豚ロース肉があったら、
まずはソテーにしてみてください。
塩で焼くだけでも十分に楽しめます。

トマト&ハム&なすの重ね蒸し焼き

実寸

材料（2人分）

ロースハム …… 4枚
トマト（中）…… 2個
なす（中）…… 2個
塩 …… 小さじ2/3
こしょう …… 少々
オリーブオイル …… 大さじ3
ピザ用チーズ …… 40g
パセリ …… 適量

1 材料を切る

ロースハム＝4等分のいちょう切りにする
トマト＝5mm幅の輪切りにする
なす＝5mm厚さの輪切りにする

2 下ごしらえをする

キッチンペーパーの上に1のなすを並べ、塩（適量／分量外）をふり、10分位おいて水気を取る。

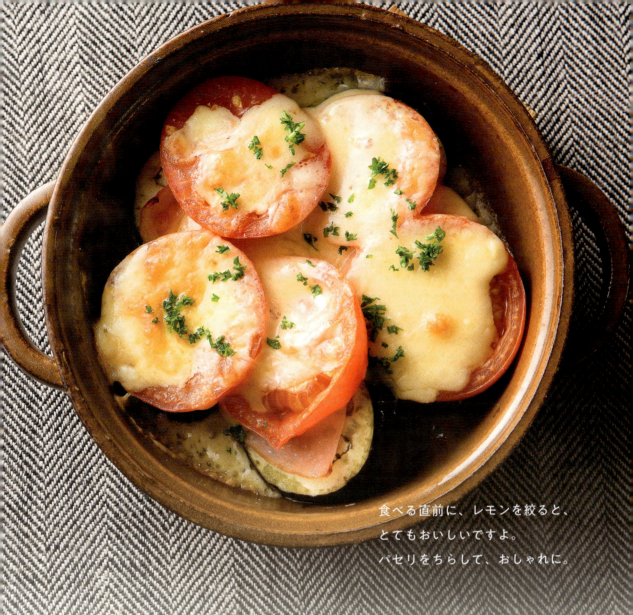

食べる直前に、レモンを絞ると、
とてもおいしいですよ。
パセリをちらして、おしゃれに。

3　器に材料を入れる

2つのグラタン皿に、**2**のなす、**1**のロースハム、トマトを順にのせる。塩・こしょうをふり、オリーブオイルをかけ、ピザ用チーズをのせる。

4　オーブントースターで焼く

3をオーブントースターに入れ、10分位こんがり焼く。みじん切りにしたパセリをちらす。

野菜&魚介のレモン風味 塩マリネ

実寸

材料（2人分）

にんじん（中）…… 1/4本
玉ねぎ（中）…… 1/2個
セロリ …… 1/2本
ミニトマト（赤・黄・橙）…… 計10個
レモン …… 1/2個
生さけ …… 1切れ（80g）
塩 …… 小さじ3/4
オリーブオイル …… 大さじ4
えび …… 3尾
イタリアンパセリ …… 適量

1 材料を切る

にんじん＝薄い輪切りにする
玉ねぎ＝薄切りにする
セロリ＝薄切りにする
ミニトマト＝縦半分に切る
レモン＝薄い半月切りにする
生さけ＝3等分に切る

白い筋のところで切ると、種が飛び出さない。

2 野菜類をマリネする

バットに野菜類を入れ、塩をふってしばらくおく。オリーブオイル（大さじ3）を入れ、菜箸で混ぜる。

酢を使わず、塩だけのマリネは、
ツンとしたすっぱさがなく、優しい味わい。
レモンの薄い半月切りを少し多めに使います。

3 魚介に火を通す

生さけに塩・こしょう（少々／分量外）をふる。フライパンにオリーブオイル（大さじ1）を中火で熱し、生さけを両面こんがり焼く。えびは背わたと殻を取り除き、同様に焼く。

4 魚介を加えてマリネする

2のバットに、3の焼いたさけ、えびを加え、冷蔵庫で30分以上漬け込み、味を馴染ませる。器に玉ねぎ、セロリをしき、にんじんを並べ、さけとえびの間にレモンをはさみ、ミニトマトを並べ、手でちぎったイタリアンパセリをちらす。

グリーンアスパラガスの塩味リゾット

グリーンアスパラガスは、2度に分けて入れます。
最初は味出し用として、
2度目は具材として色鮮やかに仕上げます。

材料（2人分）

- グリーンアスパラガス …… 1束
- 玉ねぎ（中）…… 1/4個
- オリーブオイル …… 大さじ2
- 米 …… 1合
- 熱湯 …… 3カップ
- 塩 …… 小さじ2/3弱
- 粉チーズ …… 大さじ3
- 黒こしょう …… 少々

1 材料を切る

グリーンアスパラガスの根元の固い部分は包丁でそぐ。

▼

グリーンアスパラガス＝小口切りにする
※玉ねぎ＝みじん切りにする

実寸

2 材料を入れて炒める

フライパンにオリーブオイルを入れて中火で熱し、**1**の玉ねぎのみじん切りを炒める。米を入れて炒め、**1**のグリーンアスパラガス（半量）を加えてさらに炒める。

3 米をフライパンで煮る

水気がなくなったら熱湯をお玉に1杯ずつ加えながら、中火で10分位煮て、残りのグリーンアスパラガス（半量）を加えて弱火で15分位、水気がなくなるまで煮る。

4 塩、粉チーズをふる

塩をふって味を調え、粉チーズ（大さじ2）を入れて混ぜる。器に盛り、残りの粉チーズ（大さじ1）、黒こしょうをふる。

手づくり塩カレー

材料（3～4人分）

　鶏もも肉 …… 200g
　トマト(中) …… 1/2個
　玉ねぎ(中) …… 1個
　しょうが …… 20g
　サラダ油 …… 大さじ1
　水 …… 1・1/2カップ
　カレー粉 …… 小さじ1・1/2
　塩 …… 小さじ2弱
　パセリ入りごはん …… 適量
　パセリなど(飾り用) …… 適量

1 材料を切る

鶏もも肉＝一口大に切る
※トマト＝1cmの角切りにする
※玉ねぎ＝みじん切りにする
※しょうが＝みじん切りにする

2 下ごしらえをする

鶏もも肉に塩・こしょう(少々／分量外)をふり、下味をつける。

3 玉ねぎ、しょうがを炒める

フライパンにサラダ油を入れて中火で熱し、1の玉ねぎを入れて炒め、1のしょうがを加えてしっかり炒める。

実寸

塩とカレー粉だけなので、
すっきりした味わいです。
野菜の甘み、トマトの酸味、塩味で、
本格派カレーの出来上がり！

4 具材を炒め、味をつける

3に鶏もも肉を加えて、中火でこんがり焼き、1のトマト、水を加え、ひと煮立ちさせる。カレー粉、塩をふり、10分位煮る。器にパセリ入りごはんを盛り、パセリなどを添え、カレーをかける。

PART 3

調味料たっぷりの「中華」を、シンプルに。
塩やこしょうだけでも、本格的な味はできる。

中華といえば、調味料が多いことが難題です。
豆板醤、甜麺醤、オイスターソース、XO醤……。
これらをすべて揃えなければ、調理をスタートできません。
しかし、たまにしか使わない調味料は、
使いきれずに無駄になってしまうこともしばしば。
中華料理を作るには、
本当にこんなにたくさんの調味料が必要なのでしょうか。
いいえ、しょうゆさえ使わず、塩・こしょうだけで、
本格的な味わいの中華を作ることができます。

1 薬味と香草を使って、風味をプラス

にんにく、長ねぎ、にら、しょうが、シャンツァイ。香りと旨味が強い薬味と香草を使えば、塩・こしょうだけでも、中華の味わいが楽しめます。

豚肉と小松菜の塩炒め
（➡p90）
シンプルな材料でも、にんにくで風味をつければ、塩・こしょうだけで中華の味が出せます。

塩味の中華風冷や奴
（➡p96）
長ねぎ、しょうが、シャンツァイをたっぷりのせて、塩・黒こしょうをふり、熱したごま油をかけて、風味を引き出します。

にら玉のねぎ塩あんかけ
（➡p102）
にらは細かく切って味を出し、あんには長ねぎを入れて。調味料は塩・こしょうだけです。

[塩・こしょうだけで、「中華」がおいしく作れる理由]

2 辛味はお好みで、取り分けてから加える

中華料理では、豆板醤、ラー油、山椒が、代表的な辛味調味料です。どうしても辛味が欲しい場合は、器に取り分けてから、お好みで加えましょう。

塩味の麻婆豆腐（➡p88）
豆板醤や山椒を使わず、塩だけで作ります。お好みで、ラー油、粉山椒、七味唐辛子を加えていただきます。

豚ひき肉の春雨煮込み 塩味
（➡p106）
調理には塩・こしょうだけ。器に盛ってから、お好みでラー油や七味唐辛子を加えることもできます。

塩味の麻婆豆腐

材料（2人分）

絹ごし豆腐 …… 1丁（300g）
玉ねぎ（中） …… 1/2個
にんにく …… 1かけ
サラダ油 …… 大さじ1
豚ひき肉 …… 100g
水 …… 1カップ
塩 …… 小さじ1強
水溶き片栗粉 …… 大さじ1・1/2強
ラー油 …… 適量
粉山椒 …… 適量
七味唐辛子 …… 適量

1 材料を切る

絹ごし豆腐＝2～2.5cm角に切る
※玉ねぎ、にんにく＝みじん切りにする

実寸

2 下準備をする

耐熱容器にキッチンペーパーをのせ、**1**の絹ごし豆腐を並べ、ラップをして電子レンジ（600W）に2分強かけて温めておく。

3 材料を炒める

フライパンにサラダ油を入れて中火で熱し、豚ひき肉を加えて混ぜずに両面焼きつけるように炒める。**1**の玉ねぎ、にんにくを加えて炒め、水、塩を入れて混ぜる。

4 豆腐を加えて煮る

2の絹ごし豆腐を加え、中火で沸騰させてから2分位煮て、水溶き片栗粉を回しかける。器に盛り、お好みでラー油、粉山椒、七味唐辛子をふる。

透明麻婆豆腐！ 銘々皿に取り分けてから、
ラー油、粉山椒、七味唐辛子をふりかけて。
自分好みに、辛味を調整できます。

豚肉に塩で下味をつけておくのが、
味を決めるポイントです。
小松菜は炒めすぎず、シャキシャキ感を残して。

豚肉と小松菜の塩炒め

実寸

材料（2人分）

小松菜 …… 1/2束
豚こま切れ肉 …… 50g
にんにく …… 1かけ
サラダ油 …… 大さじ1
塩 …… 小さじ1/3弱
こしょう …… 少々
水 …… 大さじ2

1 材料を切る

小松菜＝根元を切り落とし、7〜8cm長さに切る
豚こま切れ肉＝大きい場合は、一口大に切る
※にんにく＝みじん切りにする

2 下ごしらえをする

ボウルに**1**の豚こま切れ肉を入れ、塩・こしょう（ともに少々／分量外）をふって混ぜ、サラダ油（小さじ1）をまぶしておく。

3 小松菜は茎と葉を2度に分けて入れる

フライパンにサラダ油（小さじ2）を入れて強めの中火で熱し、**2**の豚こま切れ肉を入れて炒め、色が変わったら、**1**のにんにくを加えて炒める。**1**の小松菜の茎を加え、ひと呼吸おいてから葉を加え、塩・こしょうをふって炒め、水を加えてさっと火を通す。

塩味の四宝菜

実寸

材料（2人分）

生しいたけ（中） …… 2枚
白菜（中） …… 1/6個
きぬさや …… 6枚
えび …… 4尾
片栗粉 …… 大さじ1/2
サラダ油 …… 大さじ1
水 …… 1カップ
塩 …… 小さじ2/3弱
こしょう …… 少々

1 材料を切る

生しいたけ（傘）＝3～4等分のそぎ切りにする
生しいたけ（軸）＝縦半分に指で裂く
白菜（芯）＝一口大のそぎ切りにする
白菜（葉）＝5cm位の角切りにする
※きぬさや＝筋を取る

2 下ごしらえをする

えびは背わたを取って、殻を取り除き、きれいに洗って、水気を取る。ボウルに入れ、片栗粉をまぶしてもみこむ。

八宝菜は、材料を揃えるのが大変ですが、
四宝菜にすれば、
家庭でも手軽においしい一皿ができます。

3 材料を炒め煮する

フライパンにサラダ油を入れて中火で熱し、1の白菜の芯、生しいたけ（傘・軸）、白菜の葉の順に炒める。水と塩を加えてひと煮立ちさせ、きぬさやを加える。

4 えびを加えて火を通す

2のえびを加え、こしょうをふり、とろみがつくまで火を通す。

にんにくを使いませんが、旨味は十分!
レモンを食べる直前に絞ると、
さわやかな風味が楽しめます。

塩餃子

材料（2人分）

　白菜（中）…… 2枚
　豚ひき肉 …… 100g
　塩・こしょう …… 小さじ1/2弱
　しょうが（みじん切り）…… 1かけ分
　ごま油 …… 小さじ2
　餃子の皮 …… 12枚
　小麦粉 …… 小さじ1
　水 …… 3/4カップ
　レモン …… 適宜

1　餃子の種を作る

白菜はみじん切りして塩（小さじ1/4／分量外）もみし、水気を絞る。

豚ひき肉に塩・こしょうをふり、粘り気が出るまでよくこねる。

白菜、みじん切りしたしょうが、ごま油（小さじ1）を加えて混ぜ、12等分にする。

2　餃子の種を皮で包む

餃子の皮に、**1**の種をのせる。

餃子の皮の手前にひだを寄せながら包む。

3　蒸し焼きにする

フライパンに、**2**の餃子を並べて中火にかける。小麦粉と水を混ぜて入れ、ふたをして沸騰後、5分位蒸し焼きにする。水気がなくなったらふたを開け、ごま油（小さじ1）をまわし入れ、再びふたをしてカリカリになるまで中火でこんがり焼き、器にひっくり返し、レモンをのせる。

スプーンでざっくり崩して、召し上がれ！
薬味と香草が一体になって、
おいしいハーモニーを奏でます。

塩味の中華風冷や奴

材料（2人分）

- 長ねぎ …… 1/3本
- しょうが（大）…… 1かけ
- シャンツァイ …… 適量
- 絹ごし豆腐 …… 1丁（300g）
- 塩 …… 小さじ1/2
- ごま油 …… 大さじ1
- 黒こしょう …… 適量

1 材料を切る

長ねぎとしょうがはみじん切り、シャンツァイはざく切りにする。

2 豆腐と薬味に塩をふる

きれいに洗った絹ごし豆腐を器に盛り、**1**の長ねぎ、しょうがをのせ、シャンツァイを添える。全体に塩をふる。

3 熱したごま油をかける

フライパンにごま油を入れ、煙が出るまで熱して**2**の絹ごし豆腐と薬味にかける。お好みで、黒こしょうをふる。

塩味の青椒肉絲(チンジャオロースー)

実寸

材料(2人分)

　豚ロース肉 …… 100g
　ピーマン(中) …… 4個
　もやし …… 100g
　水 …… 大さじ3
　片栗粉 …… 小さじ1
　サラダ油 …… 大さじ1
　塩 …… 小さじ1/2弱
　こしょう …… 少々

1　材料を切る

豚ロース肉＝細切りにする
ピーマン＝細い輪切りにする
※もやし＝ひげ根を取る

2　下ごしらえをする

豚ロース肉に塩・こしょう(少々/分量外)をふり、菜箸で混ぜる。水(大さじ1)と片栗粉を加えて指でもみこみ、サラダ油(適量/分量外)を加えてほぐす。

3　肉を炒める

フライパンにサラダ油を入れて強めの中火で熱し、**2**の豚ロース肉を入れて炒める。

肉に下味をつけ、
水と片栗粉をもみこむと、
しっとりやわらかくなります。

4 すべての材料を炒める

1のピーマンを加え、水（大さじ2）をふり入れる。1のもやしを加えて炒め、塩・こしょうで味を調える。

塩春巻き

実寸

材料（2人分）

にら …… 1/2束
キャベツ …… 1枚
ピーマン（中）…… 2個
豚ロース肉（しょうが焼き用）…… 80g
塩 …… 小さじ1/4強
こしょう …… 少々
片栗粉 …… 小さじ1
春巻きの皮 …… 6枚
サラダ油 …… 適量
パセリ …… 適量

1 材料を切る

にら＝6cm長さに切る
キャベツ＝6cm長さ、1cm幅に切る
ピーマン＝縦に細切りにする
豚ロース肉＝細切りにする

2 春巻きの種を作る

1のキャベツは塩（適量／分量外）をふって少しおき、手でもみこんで水気を絞る。

1の豚ロース肉に、塩・こしょうをふって混ぜる。

2のキャベツに**1**のにら、**2**の豚ロース肉を加え、片栗粉を加えて混ぜ、6等分にする。

3 春巻きの皮で包む

中央より手前に、**2**の春巻きの種をのせる。

手前から向こうへ巻く。

左右から、中央へ向けて折る。

指1本が入る位のゆとりをもって巻き、先端に水溶き小麦粉（水：大さじ1、小麦粉：大さじ1／分量外）を塗り、止める。

春巻きの皮で包み終えた状態。

春巻きは、一度巻き方を覚えると、気軽に作れるようになります。豚肉ににらを加えて、旨味をパワーアップ！

4 春巻きを揚げる

フライパンにサラダ油を入れて低温（160℃位）に熱し、**3**の春巻きを入れて3分位こんがり揚げる。器に盛り、パセリを添える。

にら玉のねぎ塩あんかけ

実寸

材料（2人分）

長ねぎ …… 1/5本
にら …… 1/3束
かにかまぼこ …… 50g
卵 …… 5個
水（卵液用）…… 大さじ3
サラダ油 …… 大さじ1・1/2
水（あん用）…… 1/2カップ
塩 …… 小さじ1/4弱
こしょう …… 少々
水溶き片栗粉 …… 大さじ2

1 材料を切る

長ねぎ＝縦半分に切り、斜め薄切りにする
にら＝1cm長さに切る
かにかまぼこ＝指で細く裂く

2 卵に具材を入れる

ボウルに卵を入れて割りほぐし、水（大さじ3）を加え、塩・こしょう（少々／分量外）をふり、1のにら、かにかまぼこを加えて混ぜる。

3 具材入り卵液を焼く

フライパンにサラダ油（大さじ1）を入れて中火で熱し、2の卵液を入れる。ゴムべらで大きく混ぜて半熟になったら形を整え、すぐに器に盛る。

かにかまぼこを使って、リーズナブルに。
塩味のあんは透明度が高く、
かにかまぼこ・にら玉がきれいに映えます。

4 ねぎ塩あんを作る

3のフライパンにサラダ油（大さじ1/2）を入れて中火で熱し、1の長ねぎを入れてざっと炒める。水（1/2カップ）を加え、塩・こしょうをふって味を調える。水溶き片栗粉を回しかけて火を止める。器に盛った3のかにかまぼこ・にら玉にかける。

塩唐揚げ

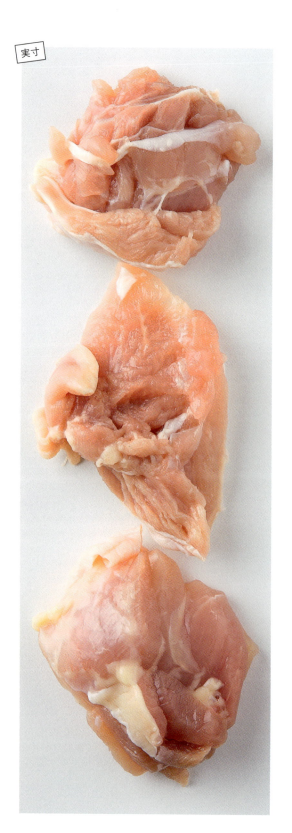

実寸

材料（2人分）

鶏もも肉 …… 1枚（300g）
長ねぎ（青い部分）…… 1本分
塩 …… 小さじ3/4
こしょう …… 少々
ごま油 …… 小さじ1
片栗粉 …… 大さじ3
サラダ油 …… 適量
レモン …… 適量
パセリ …… 適量

1 下ごしらえをする

鶏もも肉は筋切りをし、厚い部分があれば開き、厚さを均一にする。

2 材料を切る

鶏もも肉＝1つ30g位に切る
※長ねぎ（青い部分）＝手で大きくちぎる

3 鶏肉に下味をつける

2の鶏もも肉に塩・こしょうをふり、ごま油、2の長ねぎを入れて混ぜ、20分位おき、長ねぎは取り除く。鶏もも肉に、片栗粉をまぶして手でもみこむ。

新定番になりつつある塩唐揚げ。
中身はジューシー、外側はパリッ！
おいしさが弾けます。

4 鶏肉を2度揚げする

フライパンにサラダ油を入れて低温（160℃位）に熱し、**3**の鶏もも肉を3分位こんがり揚げていったん取り出し、高温（190℃位）でもう1度揚げる。器に盛り、レモンとパセリを添える。

オイスターソースを使わず、
塩だけの煮込みです。
豚ひき肉の旨みが迫ってきます。

豚ひき肉の春雨煮込み 塩味

材料（2人分）

豚ひき肉 …… 150g
水 …… 1カップ
春雨（乾）…… 30g
塩 …… 小さじ1/2
こしょう …… 少々
ラー油 …… 適量
細ねぎ …… 適量
七味唐辛子 …… 適量

1 豚ひき肉を焼く

フライパンを中火で熱し、豚ひき肉を入れ、しっかり焼きつける。水を加え、ひと煮立ちさせ、アクを取る。

2 春雨を加える

春雨を加え、塩・こしょうをふり、春雨に火を通す。器に盛り、ラー油をかけ、小口切りにした細ねぎをちらし、七味唐辛子をふる。

両面焼きそば 塩味あんかけ

実寸

材料（2人分）

にんじん …… 1/4本
白菜(中) …… 1枚
豚薄切り肉 …… 50g
サラダ油 …… 大さじ4
中華蒸し麺 …… 1玉
水 …… 1カップ
塩 …… 小さじ1弱
こしょう …… 少々
水溶き片栗粉 …… 大さじ3
からし …… 適量

1 材料を切る

にんじん＝長さ5cm、厚さ2mmの短冊切りにする
白菜(葉)＝5cmのざく切りにする
白菜(芯)＝5cm長さのそぎ切りにする
豚薄切り肉＝ひと口大に切る

2 下ごしらえをする

豚薄切り肉に塩・こしょう（少々／分量外）をふり、サラダ油（大さじ1/3）をまぶしておく。

3 焼き麺を作る

フライパンを中火で熱し、中華蒸し麺をほぐして入れてサラダ油（大さじ3・2/3）をかけ、ヘラで押さえながらこんがり焼き、もう片面も同じ様に焼く。パリッとなったら、ざるにあけ油を切る。

パリッと焼いた麺は、とても香ばしいです。
具がいっぱいの塩味あんをかけて、
がっつり系のパワフルな一皿です。

4 材料を炒め、あんを作る

フライパンを中火で熱し、2の豚薄切り肉を炒め、1のにんじん、白菜（芯→葉）の順に加えて炒める。水を加え、ひと煮立ちしたら、塩・こしょうをふって味を調え、水溶き片栗粉を回し入れて火を止める。器に3の焼き麺をのせ、あんをかけ、からしを添える。

半熟の卵の上に、
温かいごはんをのせて炒めるのが、
ごはんをパラパラに仕上げるコツです。

塩チャーハン

材料（2人分）

- 長ねぎ …… 1/5本
- しょうが …… 10g
- サラダ油 …… 大さじ1・1/2
- むきえび（特大）…… 4尾（80g）
- 溶き卵 …… 1個分
- 温かいごはん …… 400g（少なめ2膳分）
- 塩 …… 小さじ1強
- こしょう …… 適量
- 水 …… 大さじ1

1 材料を切る

長ねぎ、しょうがはみじん切りにする。

2 えびを炒める

フライパンにサラダ油（大さじ1/2）を入れて中火で熱し、背わたを取ったむきえびを炒め、取り出しておく。

3 卵とごはんを炒める

2のフライパンに、サラダ油（大さじ1）を入れて中火で熱し、溶き卵を入れ、半熟になったら、温かいごはんを加えて手早く炒め合わせる。

4 塩、薬味を加えて炒める

塩・こしょうをふり、**1**の長ねぎ、しょうがを加えて炒め、水をふり入れてざっと混ぜ、**2**のむきえびを戻し入れて混ぜる。

5 器に盛る

小さなボウルや丼に、**4**のチャーハンを詰め、器にひっくり返す。

浜内千波（はまうち ちなみ）

1955年、徳島県生まれ。大阪成蹊女子短期大学栄養学科卒業後、証券会社OLを経て岡松料理研究所へ入所。1980年、ファミリークッキングスクール(東京・中野坂上)開校。1991年、企画フードハウスを設け、食ビジネス全般において、ホテルや食品メーカー、コンビニエンスストアの食品開発・その販促活動を支援。2005年、スクールを東京・東中野へ移転。2006年、便利で楽しいキッチン用品「Chinami」ブランドを立ち上げる。2012年、「ファミリークッキング・ラボ」を開設。「家庭料理をちゃんと伝えたい」という思いで、料理教室を主宰。「料理は、もっともっと夢のある楽しいもの」をモットーに、ユニークな発想とクリエイティブな仕事に定評がある。テレビ番組、講演会への出演で活躍中。『ラクして、美味しい魔法だしのおかず』(辰巳出版)、『簡単！ラクラク！夏おかず2018』(学研プラス) など、著書多数。

料理アシスタント　夛名賀 友子、吉本寛那、志村佳保里
器協力：UTUWA

編集　　　岩井浩之、石原佐希子（株式会社マイナビ出版）、雨宮敦子（Take One）
撮影　　　石田健一
デザイン　大悟法淳一、永瀬優子、武田理沙（ごぼうデザイン事務所）
スタイリスト　カナヤマヒロミ

素材の旨味を引き出す
塩とこしょうのシンプルレシピ

2019年7月30日　初版第1刷発行

著　者　　浜内千波
発行者　　滝口直樹
発行所　　株式会社マイナビ出版
　　　　　〒101-0003 東京都千代田区一ツ橋2-6-3 一ツ橋ビル2F
　　　　　TEL 0480-38-6872（注文専用ダイヤル）
　　　　　　　03-3556-3731（販売部）　03-3556-2735（編集部）
　　　　　e-mail　pc-books@mynavi.jp
　　　　　URL　http://book.mynavi.jp/
印刷・製本　株式会社大丸グラフィックス

［注意事項］
・本書の一部または全部について個人で使用するほかは、著作権法上、著作者および（株）マイナビ出版の承諾を得ずに無断で複写、複製することは禁じられております。
・本書についてのご質問などございましたら、上記メールアドレスにお問い合わせください。インターネット環境のない方は、往復葉書または返信用切手、返信用封筒を同封の上、（株）マイナビ出版編集第2部書籍編集1課までお送りください。
・乱丁・落丁についてのお問い合わせは、TEL:0480-38-6872（注文専用ダイヤル）、電子メール：sas@mynavi.jpまでお願いいたします。

定価はカバーに記載しております。

© FAMILY COOKING SCHOOL
ISBN978-4-8399-6985-1
Printed in Japan